El milagro de la Pascua Florida

Louis Weber, C.E.O.
Publications International, Ltd.
7373 North Cicero Avenue
Lincolnwood, Illinois 60646
U.S.A.

Impreso en México

8 7 6 5 4 3 2 1

ISBN 1-56173-938-3

Escritor: Jaime Serrano

Ilustraciones: Thomas Gianni

Cubierta: Stephen Marchesi

Era un viernes el día que murió Jesús. Esa noche, un hombre llamado José de Arimatea le pidió permiso a Poncio Pilato, el gobernante, para sepultar el cuerpo de Jesús. José era un seguidor de Jesús.

Pilato le dio su permiso y José se llevó el cuerpo de Jesús. Lo envolvió en una sábana y puso en una cueva que se usaba como una tumba. Cubrió la entrada de la cueva con una piedra muy grande.

Al día siguiente, los líderes religiosos, que no querían a Jesús, les pidieron a los guardias romanos que vigilaran la tumba. Estos líderes creían que los discípulos iban a robarse el cuerpo de Jesús porque recordaban la promesa de Jesús:

—¡Al tercer día después de mi muerte volveré a vivir!

Pasaron tres días, y ese domingo hubo un gran terremoto que asustó mucho a los soldados. De pronto, vieron algo maravilloso. ¡Era brillante como un relámpago y estaba vestido con una ropa tan blanca como la nieve! Cuando los soldados vieron esto, empezaron a temblar de miedo y algunos de ellos se desmayaron. ¡Era uno de los ángeles de Dios! El ángel quitó la enorme piedra que cubría la entrada de la cueva y se sentó sobre ella. ¡En ese momento, Jesús salió de la tumba! ¡Jesús había vuelto a vivir, tal como lo había prometido! Al salir Jesús de la cueva, la tumba se quedó vacía.

Más adelante, María Magdalena, una amiga de Jesús, y otras mujeres fueron a la tumba de Jesús. Traían unas especias olorosas para untárselas al cuerpo de Jesús. Mientras caminaban hacia la tumba, las mujeres pensaban:

—¿Quién nos quitará esa piedra tan grande que cubre la cueva para que podamos entrar?

Cuando llegaron a la tumba, las mujeres se sorprendieron mucho porque vieron que alguien ya había quitado la piedra que la cubría. Entraron y vieron a un ángel que parecía un joven vestido con una ropa muy blanca. El ángel les dijo:

—No tengan miedo. ¡Jesús no está aquí porque Él está vivo! ¡Váyanse y díganles a los discípulos que esperen a Jesús en Galilea!

Mientras las mujeres buscaban a los discípulos para hacer lo que les había pedido el ángel, los soldados regresaron a la ciudad. Buscaron a los líderes religiosos para contarles lo que les había ocurrido. Los soldados les contaron sobre el terremoto, sobre el ángel y cómo éste había quitado la piedra.

Cuando los líderes religiosos oyeron esto, se asustaron y empezaron a hablar entre ellos para decidir lo que iban a hacer. Finalmente, recogieron mucho dinero y les dijeron a los soldados que les darían ese dinero si contaban una gran mentira. Los soldados aceptaron el dinero e hicieron lo que les habían dicho los líderes religiosos. Fueron a hablar con su capitán y le dijeron:

—¡Los discípulos de Jesús vinieron y nos asaltaron, y entonces se robaron el cuerpo de Él!

Después de dejar la tumba, María Magdalena y las otras mujeres corrieron a buscar a los discípulos. Primero encontraron a Simón Pedro y a Juan y al verlos, les dijeron:

—¡El cuerpo de Jesús no está en la tumba!

Al oír esto, Simón Pedro y Juan corrieron hacia la tumba. Como Juan corría más ligero que Pedro, llegó primero. Miró adentro de la tumba pero no se atrevió a entrar. Pero cuando Simón Pedro llegó, entró inmediatamente. Dentro de la tumba, Simón Pedro vio que solamente quedaban las sábanas que habían envuelto el cuerpo de Jesús y las telas que le cubrían la cabeza. Luego, Juan entró también y vio que el cuerpo de Jesús no estaba allí. Los dos volvieron a contar lo que habían visto a los otros discípulos.

Este mismo día, dos de los discípulos de Jesús caminaban hacia una aldea llamada Emaús. Estaban muy tristes y hablaban de lo que le había ocurrido a Jesús. Mientras hablaban, se les apareció un hombre desconocido y empezó a caminar con ellos. Este desconocido era Jesús, pero los discípulos no lo reconocieron. El hombre preguntó por qué los discípulos estaban tan tristes. Ellos respondieron:

—¿No has oído hablar de todo lo que ha ocurrido en Jerusalén?

Jesús les preguntó que de qué hablaban y los discípulos empezaron a contarle la historia de Jesús, cómo había hecho muchos milagros y muerto en la cruz. También le contaron que el cuerpo de Jesús no estaba en su tumba.

Entonces Jesús les dijo:

—¿Por qué no creen lo que los antiguos hombres de Dios decían?

Y Jesús comenzó a explicarles todo lo que los profetas de los libros antiguos decían sobre Él. Mientras Jesús les hablaba, los discípulos iban sintiendo algo especial hacia Él, pero todavía no sabían quién era. Cuando llegaron a Emaús, los discípulos le pidieron que se quedara con ellos.

Jesús aceptó y los tres se sentaron a comer. Antes de empezar a comer, Jesús tomó el pan y lo bendijo. ¡Y mientras repartía el pan los discípulos se dieron cuenta de que este desconocido era Jesús! En ese momento, Jesús se desapareció. Al ver esto, los discípulos se quedaron maravillados.

Los once discípulos hablaban sobre lo que habían visto y oído de Jesús. Pero uno de los discípulos, que se llamaba Tomás, no creía que Jesús estuviera vivo. Tomás decía que no iba a creerlo a menos que él mismo tocara las heridas de Jesús.

Unos días después, los once discípulos estaban en Jerusalén, en una casa, y las puertas de la casa estaban cerradas. De repente, Jesús se les apareció en medio de ellos y les dijo:

—La paz esté con ustedes.

Jesús llamó a Tomás y le dijo:

—Ven y toca las heridas que tengo en las manos y en el lado para que creas que yo vivo.

¡Y Tomás le respondió que creía!

Jesús les pidió a los once discípulos que fueran al monte de los Olivos, que está en Galilea, y que lo esperaran allí. Los discípulos llegaron a Galilea y cuando Jesús apareció, lo adoraron. Jesús les dijo:

—Yo les quiero pedir que hagan una última cosa por mí. Ahora les pido que empiecen a predicar la palabra de Dios por todas las naciones del mundo, empezando por Jerusalén. Dios, mi Padre, me ha dado todo el poder que hay en los cielos y en la Tierra. Vayan y consigan más discípulos. Bautícenlos y enséñenles lo que yo les he enseñado. No se preocupen, porque yo siempre estaré con ustedes.

Después de esto, Jesús levantó las manos y los bendijo. De repente, Jesús empezó a subir a los cielos y una nube lo cubrió. Al llegar al cielo, se sentó a la derecha de Dios el Padre. Los discípulos, que miraban al cielo, se quedaron muy asombrados.

Luego, los discípulos adoraron a Jesús y se fueron a Jerusalén. Continuaron alabando y orándole a Dios, y empezaron a predicar por todo el mundo las cosas que Jesús les había enseñado.